Я ЛЮБЛЮ ДОПОМАГАТИ

I LOVE TO HELP

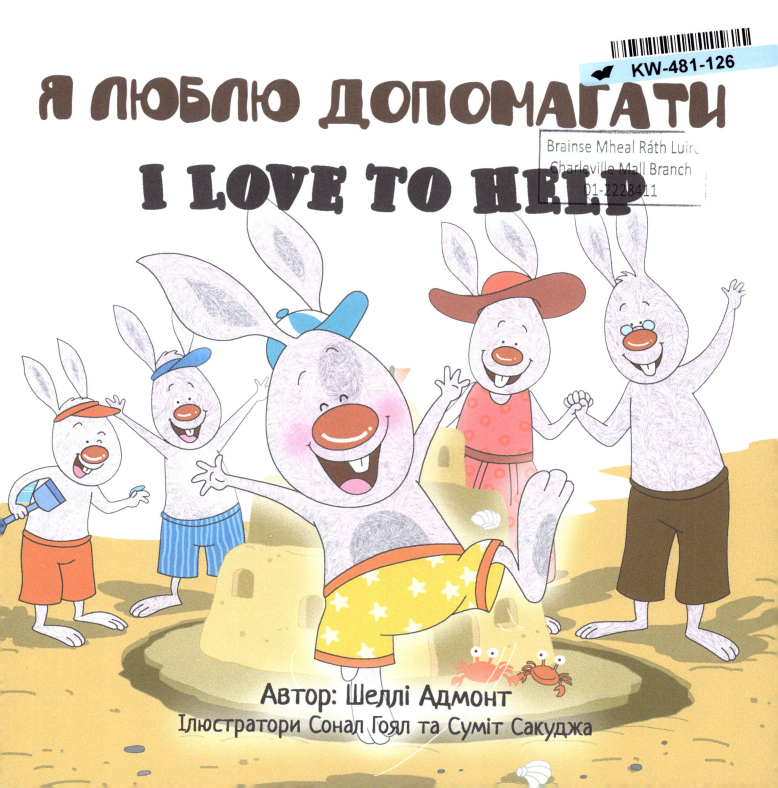

Автор: Шеллі Адмонт

Ілюстратори Сонал Гоял та Суміт Сакуджа

www.kidkiddos.com

support@kidkiddos.com

Translated from English by Elena Shevel
Переклад з англійської мови Олени Шевель
Ukrainian editing by Marina Boot
Редагування українською мовою Марини Бут

Library and Archives Canada Cataloguing in Publication Data
I Love to Help (Ukrainian English Bilingual Edition)/ Shelley Admont
ISBN: 978-1-5259-6267-7 paperback
ISBN: 978-1-5259-6268-4 hardcover
ISBN: 978-1-5259-6266-0 eBook

Please note that the Ukrainian and English versions of the story have been written to be as close as possible. However, in some cases they differ in order to accommodate nuances and fluidity of each language.

KidKiddos Books

Для тих, кого я найбільше люблю

For those I love the most

Джиммі захоплено вистрибував навколо машини.
Jimmy bounced around the car in excitement.

— Ми їдемо на пляж! — радісно кричав він. — Ми їдемо на пляж!
"We're going to the beach!" he shouted happily.
"We're going to the beach!"

Тато засміявся, відкриваючи багажник машини.
— Саме так! — мовив він: — Сьогодні чудовий сонячний день, і хотілося б виїхати скоріше.
Dad laughed as he opened the trunk of the car.
"That's right!" he said, "It's a lovely sunny day and we want to get going quickly."

— Чому б тобі не допомогти віднести необхідні речі до машини? Твої братики вже допомагають.
"Why don't you help us carry the things we need to the car? Your brothers are helping already."

Джиммі припинив стрибати та подивився на двері їхньої хатинки.

Jimmy stopped bouncing and looked towards the front door of their house.

Двоє братів Джиммі допомагали носити речі до машини.

Jimmy's two brothers were helping carry things to the car.

У руках старшого брата були барвисті відерця та лопатки, а середній ніс кошик для пікніка.

The oldest brother had colorful buckets and spades in his hands, and the middle brother was carrying the picnic basket.

— Ходи-но, Джиммі! — гукнула мама з дверей. — Ти можеш віднести сумку з рушниками або це пляжне крісло. Вони не надто важкі.

"Come, Jimmy!" Mom called from the doorway. "You can carry the bag of towels or this small beach chair. It won't be very hard."

Джиммі поглянув на рушники та пляжне крісло.
— Ні, дякую! — відповів він з усмішкою. — Я надто зайнятий СТРИБАННЯМ!

Jimmy looked at the towels and chair. "No, thank you!" he said with a grin. "I'm too busy JUMPING!"

Ліс, у якому вони жили, був не дуже далеко від пляжу, і Джиммі від нетерпіння вовтузився всю дорогу.

The forest where they lived was not too far from the beach and Jimmy wriggled with excitement the whole way.

Коли він побачив золоті піски пляжу та блиск синьої морської води, він почав підскакувати на сидінні.

When he saw the golden sands of the beach and the sparkling blue water of the sea, he started jumping in his seat.

— Добре, ми приїхали, — сказав тато.

"Alright, we are here," said Dad.

Джиммі вискочив із машини.

— Це неймовірно! — вигукнув він і помчав до води.

Jimmy got out of the car. "This is amazing," he exclaimed and ran down towards the water.

— Постривай! — гукнула мама йому навздогін. — Тобі треба допомогти нам перенести речі з машини.

"Wait!" Mom called after him. "You've got to help us take everything out of the car."

Джиммі обернувся та помахав своїй родині.

— Ні, дякую, — відповів він. — Мені треба збудувати ВЕЛЕТЕНСЬКИЙ ЗАМОК З ПІСКУ!

Jimmy turned around, waving at his family. "No, thank you!" he said. "I've got to build a GIANT SANDCASTLE!"

Він побіг до найзручнішого місця на пляжі та й взявся загрібати пісок руками.

He ran to a perfect spot on the beach, right next to the sea, and started to scoop sand into his hands.

Джиммі був такий зайнятий, що не помічав, як його родина виносить речі з машини до пляжу.

Jimmy was so busy having fun that he didn't notice his family going to and from the car, carrying objects down to the beach.

Тим часом, замок з піску ставав усе більшим і більшим.

Meanwhile, the sandcastle grew bigger and bigger.

— Мій замок буде такий здоровезний, що король і королева захочуть оселитися в ньому! — сказав Джиммі, уявляючи крихітних лицарів та слуг, що бігають усередині.

"My castle is going to be so big, a King and Queen are going to want to move in!" Jimmy said, imagining tiny knights and servants running around inside.

Поки Джиммі працював над своїм замком, його старші брати ловили мушлі.

While Jimmy was working on his castle, his older brothers were hunting for shells.

Тато пішов плавати в морі, а мама лежала на рушнику трохи далі на пляжі.

Dad went swimming in the sea and Mom lay on a towel further up the beach.

Джиммі так зосередився на своєму замку, що навіть не помічав, що робить решта його родини, аж доки...

Jimmy was so focused on his castle that he didn't really notice what the rest of his family were doing until...

— Стережись! — почув Джиммі вигук свого тата.

"Watch out!" Jimmy heard his dad shout.

Він підвів погляд якраз вчасно, аби побачити велетенську хвилю, що здіймалася на морі поряд із ним!

He looked up just in time to see a giant wave rising up beside him from the sea!

— О, ні! — вигукнув Джиммі в ту мить, як хвиля накрила його. Коли вода відійшла, Джиммі лежав на спині та намагався віддихатися.

"Oh no!" cried Jimmy as the wave crashed down on top of him. When the water pulled away, Jimmy lay on his back and tried to catch his breath.

— Тьху! — Джиммі виплюнув солону воду та витяг водорості з-за вух.

"Yuck!" Jimmy spat out salty water and pulled seaweed from behind his ears.

Потім він підвів погляд і побачив,
що сталося з його замком.

Then he looked up to
see what had
happened to his
castle.

— Ніііі! — вигукнув він. Замок був ущент зруйнований!

"Noooo!" he cried. The castle was completely destroyed!

Дивлячись на руїни замку, Джиммі відчув, як по його обличчю котяться гарячі сльози.

Jimmy felt hot tears on his face as he looked at the ruined castle.

Мама опустилася навколішки поряд із ним і обняла його. Вся родина залишила свої справи і зібралася навколо нього.

Mom knelt down beside him and gave him a hug. All his family had stopped what they were doing and gathered around him.

— Шкода твого замку, — сказав тато.
"I'm sorry about your castle," Dad said.

— Так, твій замок був дійсно гарний, — додав старший брат.
"Yeah, your castle looked really nice," said the oldest brother.

— І великий, — погодився середній брат.
"And big," agreed the middle brother.

Мама посміхнулася:
— Не хвилюйся, Джиммі. Ми допоможемо тобі збудувати новий замок.
Mom smiled. "Don't worry, Jimmy. We'll help you build a new one."

— Допоможете? — спитав Джиммі.
"You will?" Jimmy asked.

— Так! — вся родина засміялася, і разом вони взялися відбудовувати замок з піску.
"Yes!" His family laughed and they all set about building the sandcastle again.

Цього разу щось змінилося. Джиммі побачив, що з допомогою його родини, замок вдається ще більшим і гарнішим, ніж був.

Something was different this time. Jimmy realized that with his family helping him, the castle was bigger and more beautiful than before.

— Дивіться! — вказав старший брат усередину. Двійко крабів улаштувалися в центрі замку. — У ньому навіть є король з королевою!

"Look!" the oldest brother pointed inside. Two crabs had settled down in the center of the castle. "It even has a King and Queen!"

Джиммі вистрибував знизу вгору:
— Це найкращий у світі замок з піску!

Jimmy bounced up and down. "This is the best sandcastle ever!"

Коли настав час їхати, вся родина почала носити речі назад до машини.

When it was time to go, the family began taking things back into the car.

Джиммі посміхнувся.
— Чи можу я вам допомогти? — запитав він.

Jimmy grinned. "May I help you?" he asked.

Він забрав рушники до машини, а потім побіг назад, щоб допомогти віднести відерця.

He took the towels to the car and then ran back to help carry the buckets.

— Овва, ми так швидко все спакували, — сказав тато, оглядаючи пустий пляж.

"Wow, we packed that really quickly," Dad said when they were done, looking at the empty beach.

Навіть коли вони приїхали додому, Джиммі продовжував допомагати: він відніс пляжні крісла до хатинки.

Even when they came home, Jimmy continued to help, carrying the beach chairs back into the house.

— Все вдається краще, коли ми допомагаємо одне одному, — сказав він мамі.

"Everything works out better when we help each other," he told Mom.

Мама посміхнулася.
— Ну, тепер машина порожня, окрім однієї речі.

Mom smiled. "Well, the car is empty now, except for one thing."

Мама витягла пачку печива.
— Здається мені, хтось має допомогти з'їсти це печиво!

Mom pulled out a packet of cookies. "I think someone needs to help eat these cookies!"

Джиммі засміявся. — Так, будь ласка! Я допоможу.

Jimmy laughed.
"Yes, please! I'll help."

Lightning Source UK Ltd.
Milton Keynes UK
UKHW050716260422
402026UK00005B/183

9 781525 962677